Auf einen Blick

Klett

Découvertes 4

Grammatik passend zum Schulbuch

INDEFINITE BEGLEITER UND PRONOMEN

Indefinite Begleiter und Pronomen sind unbestimmte Begleiter und Pronomen, die verwendet werden, wenn eine Person oder Sache nicht näher bestimmt wird.

Indefinite Begleiter

Indefinite Begleiter stehen immer **vor einem Nomen**. Einige indefinite Begleiter haben eine maskuline und eine feminine Form.

Indefinite Begleiter	
chaque + Nomen im Singular	*jeder/jede/jedes*
(ne) aucun/aucune aucun/aucune (ne) + Nomen im Singular	*kein, keine*
quelques + Nomen im Plural	*einige*
certains/certaines + Nomen im Plural	*gewisse/einige*
plusieurs + Nomen im Plural	*mehrere*
un autre/une autre + Nomen im Singular	*ein/eine andere(r)*
les autres + Nomen im Plural	*die anderen*
d'autres + Nomen im Plural	*andere*
tous/toutes + Artikel + Nomen im Plural	*alle*

Martin a appelé **chaque** garçon et **chaque** fille de la classe.
Aucune fille **ne** l'a rappelé.
Quelques jeunes veulent aller au cinéma.
D'autres copains préfèrent regarder la télé.
Tous les garçons et **toutes les** filles se rencontrent au lycée.

Indefinite Pronomen

Indefinite Pronomen ersetzen ein Nomen und stehen immer **allein**. Die meisten indefiniten Pronomen richten sich in Genus und Numerus nach dem von ihnen ersetzten Nomen.

Indefinite Pronomen	
chacun/chacune	*jeder/jede/jedes*
(ne) aucun/aucune aucun/aucune (ne)	*kein/keine*
quelques-uns/quelques-unes	*einige*
certains/certaines	*gewisse/einige*
plusieurs	*mehrere*
un autre/une autre	*ein anderer/eine ander*
les autres	*die anderen*
d'autres	*andere*
tous/toutes (als Subjekt) les (...) tous/toutes (als direktes Objekt)	*alle*

Chacun d'eux lui a répondu. **Chacune** d'elles lui a répondu.
Personne ne l'a rappelé.
Quelques-uns de ses amis veulent aller au cinéma.

> Wird *tous/toutes* als direktes Objekt verwendet, wird immer das Objektpronomen *les* vorangestellt.

Elle a appelé tous ses amis. Elle **les** a **tous** appelés.
Ils ont invité toutes les filles. Ils **les** ont **toutes** invitées.

DIE PRONOMEN *EN* UND *Y*

> Das Pronomen *en* ersetzt Ergänzungen mit *de*.

On a besoin **d'eau**? – Oui, on **en** a besoin.
Il vient **de Toulouse**? – Non, il n'**en** vient pas.
Elle a parlé **de son stage**? – Non, elle n'**en** a pas parlé.

> Das Pronomen *y* ersetzt Ortsbestimmungen, die mit den Präpositionen *à*, *dans*, *en*, *sur* etc. eingeleitet werden.
> *y* ersetzt Ergänzungen mit *à*, die sich auf Sachen beziehen.

Tu es déjà allé **à Paris**? – Oui, j'**y** suis allé l'été dernier.
Elle a passé un mois **en Espagne**. – Elle **y** a passé un mois.
Tu as pensé à la baguette? – Non, je n'**y** ai pas pensé.

Die Pronomen *en* und *y* stehen stets **direkt vor dem konjugierten Verb**. Folgt dem konjugierten Verb ein Infinitiv, so stehen die Pronomen *en* und *y* **vor dem Infinitiv**.

Tu as pensé à prendre tes lunettes. – Oui, j'**y** ai pensé.
Il m'a invité au restaurant. – Il **m'y** a invité.
Tu connais les films de Truffaut? Je vais **en** voir un demain.

DAS FRAGEPRONOMEN *LEQUEL*

Die Fragepronomen *lequel, laquelle, lesquels, lesquelles* fragen nach Personen und Sachen, die bereits genannt wurden. Sie richten sich in Numerus und Genus nach ihrem Bezugswort.

> Mit den Präpositionen *à* und *de* verschmelzen *lequel, lesquels* und *lesquelles* zu *auquel, auxquels* und *auxquelles* bzw. *duquel, desquels* und *desquelles*.

J'ai trois films. **Lequel** vous intéresse?
Thomas a parlé à plusieurs actrices. **Auxquelles**?
On a rencontré un de nos amis. **Duquel** est-ce que tu parles?

DIE DEMONSTRATIVPRONOMEN *CELUI, CELLE, CEUX* UND *CELLES*

Die Demonstrativbegleiter *ce, cette* und *ces* stehen immer bei einem Nomen. Die Demonstrativpronomen *celui, celle, ceux* und *celles* ersetzen ein Nomen. Sie stehen jedoch nie allein.

> Auf *celui, celle, ceux* und *celles* folgen immer die Stützwörter *-ci, -là*, ein Relativsatz oder eine präpositionale Ergänzung.

Quel livre est-ce que tu prends? Celui-ci ou celui-là?
Je prends celui de Boris Vian.
Je prends celui qui s'appelle «L'écume des jours».

DAS *CONDITIONNEL PRÉSENT*

Die Bildung des *Conditionnel présent*

Das *Conditionnel présent* wird gebildet, indem man an das *-r-* des **Infinitivs** die folgenden Endungen anhängt:
-ais, -ais, -ait, -ions, -iez, -aient
Diese Endungen entsprechen den *Imparfait*-Endungen von *avoir*.

> Der Stamm des *Conditionnel présent* ist der gleiche wie beim *Futur simple*.

Die Formen des *Conditionnel présent* bei regelmäßigen Verben		
aimer	**prendre**	**dormir**
j'aimerais	je prendrais	je dormirais
tu aimerais	tu prendrais	tu dormirais
il/elle/on aimerait	il/elle/on prendrait	il/elle/on dormirait
nous aimerions	nous prendrions	nous dormirions
vous aimeriez	vous prendriez	vous dormiriez
ils/elles aimeraient	ils/elles prendraient	ils/elles dormiraient

Einige regelmäßige Verben weisen Besonderheiten auf.
Bei Verben auf *-er* mit zwei verschiedenen Stämmen im Präsens wird das *Conditionnel présent* von der 1. Person Singular Präsens abgeleitet, an die ein *-r-* angehängt wird.

acheter → j'achète → j'achèterais
appeller → j'appelle → j'appellerais
jetter → je jette → je jetterais
payer → je paie → je paierais

Bei Verben auf *–oir* wird die Endung des Infinitivs auf *-r* verkürzt, an das die Endungen des *Conditonnel présent* angehängt werden.

recevoir → je recevrais
pleuvoir → il pleuvrait

Einige ansonsten regelmäßig konjugierte Verben bilden im *Conditionnel présent* unregelmäßige Formen.

envoyer → j'enverrais
courir → je courrais

Das *Conditionnel présent* bei unregelmäßigen Verben

Auch bei den unregelmäßigen Verben wird das *Conditionnel présent* vom Stamm des *Futur simple* abgeleitet.

mit *-r-*	**mit *-rr-***	**mit *-dr-***
avoir → j'aurais	voir → je verrais	venir → je viendrais
etre → je serais	pouvoir → je pourrais	vouloir → je voudrais
aller → j'irais	mourir → je mourrais	falloir → il faudrait
faire → je ferais		
devoir → je devrais		
savoir → je saurais		

Der Gebrauch des *Conditionnel présent*

Im **Hauptsatz** kann man mit dem *Conditionnel présent* einen Wunsch, eine Vermutung, eine Möglichkeit, einen Ratschlag oder eine höfliche Bitte ausdrücken.

Wunsch: J'**aimerais** bien aller voir ma corres à Toulouse.
Vermutung: Mes parents ne me laisseraient pas partir seul.
Möglichkeit: Monique **pourrait** t'accompagner.
Ratschlag: À ta place, je lui **demanderais**.
Bitte: **Pourrais**-tu en parler avec mes parents?

Im Satzgefüge steht das *Conditionnel présent* im Hauptsatz eines irrealen **Bedingungssatzes**, im *si*-Satz steht in dem Fall *Imparfait*.

S'il avait le temps, il **viendrait**.

In der **indirekten Rede** gibt das *Conditionnel présent* eine Aussage wieder, die in der direkten Rede im *Futur* steht.

Il dit: «J'irai au stade.» - Il dit qu'il irait au stade.

DAS *CONDITIONNEL PASSÉ*

Die Bildung des *Conditionnel passé*

Das *Conditionnel passé* wird gebildet mit dem *Conditionnel présent* der Hilfsverben *avoir* und *être* und dem *Participe passé* des jeweiligen Verbs. Die Angleichung des *Participe passé* folgt den gleichen Regeln wie beim *Passé composé*.

Die Formen des *Conditionnel passé*	
regarder	**aller**
j'aurais regardé	je serais allé(e)
tu aurais regardé	tu serais allé(e)
il/elle/on aurait regardé	il/elle/on serait allé(e)
nous aurions regardé	nous serions allé(e)s
vous auriez regardé	vous seriez allé(e)s
ils/elles auraient regardé	ils/elles seraient allé(e)s

Der Gebrauch des *Conditionnel passé*

Im **Hauptsatz** drückt das *Condtionnel passé* aus, dass **etwas in der Vergangenheit eventuell hätte stattfinden können**, tatsächlich aber nicht stattgefunden hat.

On aurait pu prendre le bus.
Comme ça, nous ne serions pas arrivés en retard.

Im Satzgefüge verwendest du das *Condtionnel passé* in einem **irrealen, auf die Vergangenheit bezogenen Bedingungssatz**.
Es steht dann im Hauptsatz, im *si*-Satz steht das *Plus-que-parfait*.

Luc n'aurait pas eu un accident, s'il avait fait attention.

ZAHLEN UND MENGEN

Mengenangaben mit *de*

Zwischen einer Mengenangabe und dem folgenden Nomen steht im Französischen immer die Präposition *de*. Vor einem Vokal wird *de* zu *d'* verkürzt.

Elle boit **un peu d'**eau.
Il achète **deux bouteilles de** jus d'orange.
Nous avons besoin de **200 grammes de** fromage.

Ordnungszahlen

Zur Bildung der Ordnungszahlen wird an die jeweilige Grundzahl die Endung *-ième* angehängt. Bei Grundzahlen, die auf *-e* enden, entfällt das *-e* vor *-ième*. Außer bei *premier* und *second* sind die maskuline und die feminine Form der Ordnungszahlen immer gleich. Der Artikel wird vor Ordnungszahlen nicht apostrophiert.

Die Ordnungszahlen			
1er	le premier	3^{e}	le/la troisième
1ère	la première	4^{e}	le/la quatrième
2nd	le second	8^{e}	le/la huitième
2nde	la seconde	10^{e}	le/la dixième

Bruchzahlen

Außer bei *un demi*, *un tiers* und *un quart* werden die Bruchzahlen mit einer Grundzahl als Zähler und einer Ordnungszahl als Nenner gebildet. Ist der Zähler größer als 1, steht der Nenner im Plural.

Die Bruchzahlen			
$\frac{1}{2}$	un demi	$\frac{1}{5}$	un cinquième
$\frac{1}{3}$	un tiers	$\frac{3}{4}$	les trois quarts
$\frac{1}{4}$	un quart	$\frac{9}{10}$	les neuf dixièmes

Prozentzahlen

Prozentsätze werden mit *pour cent* angegeben. Auf einen Prozentsatz folgt, wie im Deutschen, der Plural.

10 % des jeunes n'aim**ent** pas faire de sport. (=dix pour cent)
90 % des jeunes **ont** un portable. (= quatre-vingt dix pour cent)

DIE VERÄNDERLICHKEIT DES *PARTICIPE PASSÉ* BEIM *PASSÉ COMPOSÉ* MIT *AVOIR*

Beim *Passé composé* mit dem Hilfsverb *être* richtet sich das *Participe passé* in Genus und Numerus nach dem Subjekt.
Beim *Passé composé* mit *avoir* ist das *Participe passé* unveränderlich, wenn das direkte Objekt (Frage: Wen?/Was?) **hinter** dem Verb steht.

Il a lu **une BD**. (dir. Objekt hinter dem Verb = une BD)

> Steht das direkte Objekt jedoch – als Objektpronomen oder Relativpronomen – **vor dem Verb**, ist das *Participe passé* auch nach *avoir* veränderlich. Es richtet sich dann nach dem Genus und Numerus des vorangestellten direkten Objekts.

Tu as lu **la BD**? – Oui, je **l'**ai **lue**.
(dir. Objekt vor dem Verb = Objektpronomen *la*)
Les pommes **que** j'ai achet**ées** sont délicieuses.
(dir. Objekt vor dem Verb = Relativpronomen *que*)

Beim indirekten Objekt (Frage: Wem?) bleibt das *Participe passé* unverändert.

Luc dit à Marie: «Je **t'**ai déjà donné les BD hier.»

Werden die Objektpronomen *me*, *te*, *nous* und *vous* vorangestellt, musst du darauf achten, ob sie direktes oder indirektes Objekt sind.

Marie dit: «Hier, Laurent **m'**a appel**ée**, mais ce matin, il ne **m'**a pas téléphon**é**. (appeler qn, aber téléphoner à qn)

Die gleichen Regeln gelten bei allen zusammengesetzten Zeiten, die mit den Hilfsverben *avoir* und *être* + *Participe passé* gebildet werden, also auch beim *Plus-que-parfait* und beim *Conditionnel passé*.

Plus-que-parfait: Elle **nous** avait rencontr**és** à Paris.
Conditionnel passé: Regarde **ces photos**. À ta place, je ne **les** aurais pas pris**es**.

DAS *PASSÉ SIMPLE*

Das *Passé simple* hat die gleiche Funktion wie das *Passé composé* und bezeichnet **zeitlich begrenzte**, d. h. **einmalige, aufeinander folgende, abgeschlossene Handlungen** in der Vergangenheit. Es wird hauptsächlich in der Schriftsprache benutzt, z. B. in literarischen Texten, historischen Berichten oder Zeitungsartikeln.
Du solltest die Formen des *Passé simple* erkennen können. Am häufigsten sind die Formen der 3. Person Singular und Plural.

Die häufigsten Formen des *Passé simple* bei regelmäßigen und den wichtigsten unregelmäßigen Verben		
aimer	**prendre**	**dormir**
il/elle/on aima	il/elle/on prit	il/elle/on dormit
ils/elles aimèrent	ils/elles prirent	ils/elles dormirent
avoir	**être**	**faire**
il/elle/on eut	il/elle/on fut	il/elle/on fit
ils/elles eurent	ils/elles furent	ils/elles firent

Il faisait beau. Le président arriva à 8 heures et salua le public. Après son discours, les gens applaudirent.

In der gesprochenen Sprache und informellen Schriftsprache steht anstelle des *Passé simple* das *Passé composé*.

Le président est arrivé à 8 heures. Il a salué le public. Après son discours, tout le monde a applaudi.

DIE VERBEN *S'APERCEVOIR*, *S'EN ALLER*, *FUIR*, *INTERROMPRE*, *SUFFIRE* UND *NAÎTRE*

s'apercevoir	
je m'aperçois	*Passé composé*: je me suis aperçu(e)
tu t'aperçois	*Imparfait*: je m'apercevais
il/elle/on s'aperçoit	*Futur simple*: je m'apercevrai
nous nous apercevons	*Conditionnel présent*: je m'apercevrais
vous vous apercevez	*Subjonctif présent*: (que) je m'aperçoive
ils/elles s'aperçoivent	*Impératif*: aperçois-toi, apercevons-nous, apercevez-vous

s'en aller	
je m'en vais	*Passé composé*: je m'en suis allé(e)
tu t'en vas	*Imparfait*: je m'en allais
il/elle/on s'en va	*Futur simple*: je m'en irai
nous nous en allons	*Conditionnel présent*: je m'en irais
vous vous en allez	*Subjonctif présent*: (que) je m'en aille
ils/elles s'en vont	*Impératif*: va-t'en, allons-nous-en, allez-vous-en

Bei *s'en aller* gehört *en* fest zum Verb und darf nicht entfallen.

fuir	
je fuis	*Passé composé*: j'ai fui
tu fuis	*Imparfait*: je fuyais
il/elle/on fuit	*Futur simple*: je fuirai
nous fuyons	*Conditionnel présent*: je fuirais
vous fuyez	*Subjonctif présent*: (que) je fuie
ils/elles fuient	*Impératif*: fuis, fuyons, fuyez

interrompre	
j'interromps	*Passé composé*: j'ai interrompu
tu interromps	*Imparfait*: j'interrompais
il/elle/on interrompt	*Futur simple*: j'interromprai
nous interrompons	*Conditionnel présent*: j'interromprais
vous interrompez	*Subjonctif présent*: (que) j'interrompe
ils/elles interrompent	*Impératif*: interromps, interrompons, interrompez

suffire	
il/elle/on suffit	*Passé composé*: il a suffi
ils/elles suffisent	*Imparfait*: il suffisait
	Futur simple: il suffira
	Conditionnel présent: il suffirait
	Subjonctif présent: (qu') il suffise

Das Verb *suffire* kommt fast nur in der 3. Person Singular und Plural vor. Beachte: Nach *il suffit que* folgt der *Subjonctif*.

Il suffit que tu lises un chapitre.

naître	
il/elle/on naît	*Passé composé*: il est né, elle est née
ils/elles naissent	*Imparfait*: il naissait
	Futur simple: il naîtra
	Conditionnel présent: il naîtrait
	Subjonctif présent: (qu') il naisse

Das Verb *naître* kommt in den meisten Zeiten fast nur in der 3. Person Singular und Plural vor. Im *Passé composé* wird es allerdings bei allen Personen benutzt.

Je suis née le 14 mars.

DER BEDINGUNGSSATZ

Der Bedingungssatz ist ein Satzgefüge aus Haupt- und Nebensatz. Der Nebensatz drückt die Bedingung aus („wenn"), der Hauptsatz enthält die Folge („dann").
Die Zeitenfolge im Bedingungssatz richtet sich danach, ob die Bedingung als real, also möglich, oder irreal, also unwahrscheinlich oder unmöglich, betrachtet wird und ob die Erfüllung der Bedingung in der Gegenwart bzw. Zukunft oder in der Vergangenheit liegt.

Die Zeitenfolge im Bedingungssatz		
Bedingung erfüllbar?	**Nebensatz**	**Hauptsatz**
möglich, wahrscheinlich	si + *Présent*	*Futur* (*Présent*, *Impératif*)
möglich, aber unwahrscheinlich/unmöglich	si + *Imparfait*	*Conditionnel présent*
unmöglich (Erfüllbarkeit liegt in der Vergangenheit)	si + *Plus-que-parfait*	*Conditionnel passé*

Ist die Erfüllung der Bedingung **möglich** oder **wahrscheinlich**, steht im *si*-Satz das *Présent* und im Hauptsatz das *Futur*. Manchmal steht im Hauptsatz auch das *Présent* oder ein *Impératif*.

Si vous voulez, on ira au cinéma.
Si le bus ne vient pas, nous rentrons à pied à la maison.
Si Jean n'arrive pas à temps, appelle-le.

Ist die Erfüllung der Bedingung **unmöglich** oder grundsätzlich zwar möglich, aber doch eher **unwahrscheinlich**, steht im *si*-Satz das *Imparfait* und im Hauptsatz das *Conditionnel présent*.

Si je gagnais un million d'euro au loto, je ferais un tour du monde.
Si Caroline faisait une découverte, elle deviendrait célèbre.

Bezieht sich der Bedingungssatz auf die Vergangenheit, d. h. liegt die Erfüllung der Bedingung in der Vergangenheit und ist daher **nicht mehr möglich**, steht im *si*-Satz das *Plus-que-parfait* und im Hauptsatz das *Conditionnel passé*.

Si Philippe avait réparé son vélo, il aurait pu faire un tour.
Si tu avais trouvé les photos, tu aurais pu les montrer à Luc.

> Im Bedingungssatz mit *si* stehen *Futur* und *Conditionnel* **nie**.
> Merke: *si*-Sätze sind „wird"- und „würde"-los.

Beachte: Nicht alle Sätze mit *si* sind Bedingungssätze. *Si* kann auch „ob" in einer indirekten Frage bedeuten. In diesem Fall kann auf *si* auch ein *Futur* oder ein *Conditionnel* folgen.

Elle se demande si elle **rencontrera** ses copines demain.
Elle s'est demandée si elle **rencontrerait** ses copines.

si oder *quand*

Das deutsche „wenn" kannst du mit *si* und mit *quand* übersetzen. Du musst unterscheiden, ob es sich bei „wenn" um eine Bedingung oder um ein zeitliches Verhältnis handelt.

> Kannst du „wenn" durch „falls" ersetzen, steht im Französischen *si*.
> Kannst du „wenn" durch „sobald/jedesmal, wenn" ersetzen, steht im Französischen *quand*.

S'il fait beau, nous ferons une excursion. (= falls)
Quand il fait beau, nous faisons une excursion. (= jedesmal, wenn)

DIE INDIREKTE REDE

In der indirekten Rede wird wiedergegeben, was jemand sagt, in der indirekten Frage wird wiedergegeben, was jemand fragt. Sämtliche Pronomen, Verbformen und Begleiter müssen in der indirekten Rede angeglichen werden.

Marie dit: «Nous cherchons nos stylos.»
Marie dit qu'**ils** cherch**ent** **leurs** stylos.
Sa mère demande: «Avez-vous trouvé vos stylos?»
Sa mère demande s'**ils ont** trouvé **leurs** stylos.

Die Zeitenfolge in der indirekten Rede

Die Zeitenfolge in der indirekten Rede ist abhängig davon, in welcher Zeit das redeeinleitende Verb steht.
Steht das redeeinleitende Verb im **Präsens**, so steht das Verb in der indirekten Rede **in derselben Zeit wie in der direkten Rede**.

Philippe dit: «En ce moment, j'installe l'ordinateur.»
Philippe dit qu'il installe l'ordinateur à ce moment-là.
Farid demande à Marie: «Tu feras un tour avec moi?»
Farid demande à Marie si elle fera un tour avec lui.

Steht das redeeinleitende Verb in einer Zeit der **Vergangenheit** (*Passé composé*, *Imparfait*, *Plus-que-parfait*), musst du folgende **Zeitverschiebung** beachten.

Die Zeitenfolge in der indirekten Rede nach einem redeeinleitenden Verb in der Vergangenheit	
direkte Rede/Frage	**indirekte Rede/Frage**
Présent	Imparfait
Passé composé	Plus-que-parfait
Futur simple	Conditionnel présent

Lucie a dit: «Il fait froid.»
Lucie a dit qu'il **faisait** froid.
Sa mère lui a demandé: «Tu as pris ton pull?»
Sa mère lui a demandé si elle **avait pris** son pull.
Lucie a répondu : «Je le ferai tout de suite.»
Lucie a répondu qu'elle le **ferait** tout de suite.

> *Imparfait*, *Plus-que-parfait*, *Conditionnel présent* und *Conditionnel passé* bleiben in der indirekten Rede unverändert.
> Merke: Endet das konjugierte Verb in der direkten Rede auf den Endungen *-ais*, *-ais*, *-ait*, *-ions*, *-iez*, *-aient*, findet keine Zeitverschiebung statt.

Farid a dit: «J'avais de la chance.»
Farid a dit qu'il **avait** de la chance.
Il a raconté: «J'avais trouvé un bon endroit pour plonger.»
Il a raconté qu'il **avait trouvé** un bon endroit pour plonger.
Ensuite, il a ajouté: «J'aimerais bien monter sur la vague.»
Ensuite, il a ajouté qu'il **aimerait** bien monter sur la vague.

Zeit- und Ortsangaben in der indirekten Rede

Genau wie Pronomen, Verbformen und Begleiter müssen auch Zeit- und Ortsangaben, die in der direkten Rede genannt werden, in der indirekten Rede angepasst werden.

Zeit- und Ortsangaben in der indirekten Rede	
direkte Rede/Frage	**indirekte Rede/Frage**
hier	la veille
aujourd'hui	ce jour-là
en ce moment	à ce moment-là
demain	le lendemain
la semaine dernière/prochaine	la semaine précédente/suivante
ici	là(-bas)

6 €

Grammatik

Découvertes 4

Auf einen Blick

Klett

DER *SUBJONCTIF PRÉSENT*

Der *Subjonctif* ist ein Modus, d. h. mit dem *Subjonctif* wird die Einstellung des Sprechers zum Gesagten ausgedrückt. Er steht in Nebensätzen, die mit der Konjunktion *que* eingeleitet werden.

Die Bildung des *Subjonctif présent*

Die Formen des *Subjonctif présent* werden vom **Stamm** der **3. Person Plural Präsens Indikativ** abgeleitet. An diesen Stamm werden die Endungen *-e, -es, -e, -ions,- iez, -ent* angehängt.

ils **cherch**ent → (que) je **cherch**e
ils **mett**ent → (que) je **mett**e
ils **finiss**ent → (que) je **finiss**e
ils **reçoiv**ent → (que) je **reçoiv**e

Bei *nous* und *vous* entsprechen die *Subjonctif*-Formen den Formen des *Imparfait*.

Die Formen des *Subjonctif présent* bei regelmäßigen Verben

	aimer	**prendre**	**dormir**
(que)	j'aime	je prenne	je dorme
(que)	tu aimes	tu prennes	tu dormes
(qu')	il/elle/on aime	il/elle/on prenne	il/elle/on dorme
(que)	nous aimions	nous prenions	nous dormions
(que)	vous aimiez	vous preniez	vous dormiez
(qu')	ils/elles aiment	ils/elles prennent	ils/elles dorment

Diese Grundregeln gelten für alle regelmäßigen und die meisten unregelmäßigen Verben.

Der *Subjonctif présent* bei unregelmäßigen Verben

Einige unregelmäßige Verben bilden im *Subjonctif présent* Sonderformen, die sich nicht ableiten lassen. Diese Formen musst du auswendig lernen.

Bei *avoir* und *être* endet die 3. Person Singular des *Subjonctif présent* auf *-t*.
Bei *vouloir* werden die 1. und die 2. Person Plural des *Subjonctif présent* regelmäßig gebildet.

	avoir	**être**	**aller**
(que)	j'aie	je sois	j'aille
(que)	tu aies	tu sois	tu ailles
(qu')	il/elle/on ait	il/elle/on soit	il/elle/on aille
(que)	nous ayons	nous soyons	nous allions
(que)	vous ayez	vous soyez	vous alliez
(qu')	ils/elles aient	ils/elles soient	ils/elles aillent

	faire	**pouvoir**	**savoir**
(que)	je fasse	je puisse	je sache
(que)	tu fasses	tu puisses	tu saches
(qu')	il/elle/on fasse	il/elle/on puisse	il/elle/on sache
(que)	nous fassions	nous puissions	nous sachions
(que)	vous fassiez	vous puissiez	vous sachiez
(qu')	ils/elles fassent	ils/elles puissent	ils/elles sachent

	vouloir
(que)	je veuille
(que)	tu veuilles
(qu')	il/elle/on veuille
(que)	nous voulions
(que)	vous vouliez
(qu')	ils/elles veuillent

Beachte außerdem die Subjonctif-Formen der unpersönlich gebrauchten Verben *falloir* und *pleuvoir*.

il faut → (qu') il faille

il pleut → *(qu') il pleuve*

Der Gebrauch des *Subjonctif présent*

Nach bestimmten Verben und Ausdrücken, die die Einstellung des Sprechers zum Gesagten ausdrücken, steht im darauf folgenden Nebensatz immer der *Subjonctif*. Diese Auslöser für den *Subjonctif* solltest du auswendig lernen.

Nach **Verben** und **Ausdrücken** der **Notwendigkeit** und der **Forderung** steht im Nebensatz immer der *Subjonctif*.

Verben und Ausdrücke der **Notwendigkeit** und der **Forderung**	
il faut que	*man muss*
il est nécessaire que	*es ist notwendig, dass*
il est important que	*es ist wichtig, dass*
exiger que	*fordern, dass*

Il faut que nous **apprenions** les formes du subjonctif.
Le prof exige que tout le monde **fasse** ses devoirs.

Nach **Verben** und **Ausdrücken**, die eine **persönliche Wertung** oder ein **subjektives Empfinden** – wie Gefallen oder Missfallen – ausdrücken, steht im Nebensatz immer der *Subjonctif*.

Verben und Ausdrücke der **Wertung** und des **Empfindens**	
aimer que	*mögen, dass*
détester que	*verabscheuen, dass*
craindre que	*fürchten, dass*
avoir peur que	*Angst haben, dass*
avoir envie que	*Lust darauf haben, dass*
préférer que	*vorziehen, dass*
c'est une chance que	*es ist ein Glück, dass*
ça me plaît que	*es gefällt mir, dass*
ça m'amuse que	*es macht mir Spaß, dass*
être (mal)heureux que	*(un)glücklich sein, dass*
être content que	*zufrieden sein, dass*
être triste que	*traurig sein, dass*
trouver bon/mauvais que	*gut/schlecht finden, dass*

La mère ne trouve pas bon que Monique sorte seule.
Elle préfère que Monique aille avec ses amies.

Beachte: Nach *être d'avis que*, *croire que* und *trouver que* steht der Indikativ, da bei diesen Verben keine persönliche **Wertung** ausgedrückt wird.

Je crois que c'**est** bon.

Nach **Verben**, die einen **Wunsch**, eine **Bitte** oder einen **Vorschlag**, ausdrücken, steht im Nebensatz immer der *Subjonctif*.

Verben des **Wünschens**, **Bittens** und **Vorschlagens**	
vouloir que	*wollen, dass*
désirer/souhaiter que	*wünschen, dass*
permettre que	*erlauben, dass*
proposer que	*vorschlagen, dass*

La mère propose que nous **prenions** le bus.

Beachte: Nach *espérer que* steht der Indikativ (meist: *Futur simple*).

J'espère que nous **arriverons** à temps.

Ein Nebensatz mit *Subjonctif* wird nur dann gebildet, wenn Haupt- und Nebensatz **verschiedene** Subjekte haben. Gibt es nur ein Subjekt, benutzt du eine Infinitivkonstruktion.

Farid ne veut pas partir seul.
Il propose qu'on parte ensemble.

DIE VERNEINUNG MIT *RIEN, PERSONNE* UND *AUCUN*

Die Verneinungspartikel *rien*, *personne* und *aucun(e)* können in einem Satz sowohl die Funktion eines direkten Objekts als auch die eines Subjekts übernehmen.

Als direktes Objekt stehen die Verneinungspartikel *rien*, *personne* und *aucun(e)* **hinter** dem Verb, die dazugehörige Verneinungspartikel *ne* steht jeweils vor dem Verb.

Je **n'**ai **rien** vu.
Il **ne** voit **personne** dans la rue.
Elle **n'**a appelé **aucune** amie.

Sind *rien*, *personne* und *aucun(e)* Subjekt eines Satzes, stehen beide Verneinungspartikel geschlossen **vor** dem Verb.

Rien ne va plus.
Personne n'est dans la rue.
Aucune de ses amies **n'**était à la maison.

> Stehen die Verneinungspartikel *rien*, *personne* und *aucun(e)* als Subjekt vor dem Verb, steht hinter dem Verb **kein** *pas*.

In Kurzsätzen ohne Verb entfällt die Verneinungspartikel *ne*. In dem Fall stehen *rien*, *personne* und *aucun(e)* allein.

Qu'est-ce que tu fais? – **Rien**.
Tu as vu quelqu'un? – Non, **personne**.
Combien d'amies a-t-elle appelées? – **Aucune**.

LÄNDERNAMEN UND NATIONALITÄTSBEZEICHNUNGEN

Ländernamen

Bei Ländernamen steht im Französischen der **bestimmte Artikel**. Ländernamen, die auf *-e* enden, sind feminin. Ländernamen, die nicht auf *-e* enden, sind maskulin. Einige Ländernamen stehen immer im Plural.

J'aime **la France**. Et toi, tu aimes **le Canada**?
Les États-Unis sont très grands.

Auf die Fragen „wo?" und „wohin?" steht bei femininen Ländernamen die Präposition ***en* ohne Artikel**. Bei maskulinen Ländernamen steht ***au*** (*à* + *le*), bei Ländernamen im Plural ***aux*** (*à* + *les*).

Moi, j'habite **en Allemagne** et toi, tu habites **au Danemark**.
Bientôt, j'irai **aux Pays-Bas**.

Auf die Frage „woher?" steht bei femininen Ländernamen die Präposition ***de* ohne Artikel**. Bei maskulinen Ländernamen steht ***du*** (*de* + *le*), bei Ländernamen im Plural ***des*** (*de* + *les*).

Je viens **d'Italie**. Et toi, quand est-ce que tu reviens **du Brésil**?
Claire vient **des États-Unis**.

Nationalitätsbezeichnungen

Wie alle Adjektive richten sich die Nationalitätsbezeichnungen in Genus und Numerus nach ihrem Bezugswort.

Ma copine est français**e**.

In der Verbindung ***être* + Nationalität** können Bewohner eines Landes klein oder groß geschrieben werden. In Verbindung mit einem vorangehenden Begleiter oder Zahlwort werden Bewohner immer groß geschrieben.

Dans notre classe, il y a **un Français** et **deux Espagnols**.

Sprachen

[illegible] m Französischen immer [illegible] als Nomen verwendet [illegible].

[illegible] ortugais.
[illegible]

INFINITIVE NACH VERBEN, ADJEKTIVEN UND NOMEN

Es gibt im Französischen zahlreiche Verben, Adjektive und Nomen, die eine Infinitivergänzung mit oder ohne Präposition nach sich ziehen können.

Verben, die den Infinitiv **ohne** Präposition anschließen	
aimer faire qc	*etw. gern tun*
aller faire qc	*etw. tun werden*
désirer faire qc	*wünschen, etw. zu tun*
devoir faire qc	*etw. tun müssen/sollen*
espérer faire qc	*hoffen, etw. zu tun*
falloir faire qc	*etw. tun müssen*
pouvoir faire qc	*etw. tun können*
savoir faire qc	*etw. tun können (wissen, wie)*
vouloir faire qc	*etw. tun wollen*

Laurent va jouer au foot.
Il veut faire quelque chose.

Verben, Adjektive und Nomen, die den Infinitiv **mit à** anschließen	
aider qn à faire qc	*jdm. helfen, etw. zu tun*
apprendre à faire qc	*lernen, etw. zu tun*
commencer à faire qc	*anfangen, etw. zu tun*
continuer à faire qc	*fortfahren, etw. zu tun*
être le premier / la première à faire qc	*der Erste/die Erste sein, der/die etw. macht*
être prêt(e) à faire qc	*bereit sein, etw. zu tun*
inviter qn à faire qc	*jdn. einladen, etw. zu tun*
réussir à faire qc	*schaffen, etw. zu tun*

Marie réussit à attraper le bus.
Elle est la première à monter dedans.

Verben, Adjektive und Nomen, die den Infinitiv **mit de** anschließen	
arrêter de faire qc	*aufhören, etw. zu tun*
avoir besoin de faire qc	*etw. tun müssen, etw. brauchen*
avoir envie de faire qc	*Lust haben, etw. zu tun*
décider de faire qc	*beschließen, etw. zu tun*
demander à qn de faire qc	*jdn. bitten, etw. zu tun*
être capable de faire qc	*fähig sein, etw. zu tun*
être content(e) de faire qc	*froh/zufrieden sein, etw. zu tun*
être en train de faire qc	*gerade dabei sein, etw. zu tun*
essayer de faire qc	*versuchen, etw. zu tun*
oublier de faire qc	*vergessen, etw. zu tun*
venir de faire qc	*gerade etw. getan haben*

Luc vient de jouer au foot.
Il a besoin de prendre une douche.

> Bei Verben mit Infinitiv umschließt die Verneinung das konjugierte Verb. Bezieht sich die Verneinung jedoch auf den Infinitiv, stehen beide Verneinungspartikel **vor** dem Infinitiv.
> Objektpronomen stehen **vor** dem Infinitiv.

Elle **n'**a **pas** encore commencé à faire ses devoirs.
Elle décide de **ne pas les** faire maintenant.

Découvertes 4 – Auf einen Blick
Grammatik passend zum Schulbuch
von Ursula Bachhausen

www.klett.de/lernhilfen
Bildnachweis: Christian Dekelver, Weinstadt
Druck: Achilles, Celle
Printed in Germany
ISBN 978-3-12-926072-2
9 783129 260722